Heinrich Oppermann

Feder weise Sprüche

Wortspiele
mit Abwandlungen

AF221509

Federweißer

Geschüttelt und gereimt

Gedankensplitter leicht gewürzt

Im Wirtshaus an der Kehre

Rätsel

Dank: "Meinem Enkel, Hagen Oettel und meiner Tochter Heike Oettel danke ich für für ihre liebevolle Mitgestaltung."

Impressum

Feder weise Sprüche
© 2020 Heinrich Oppermann
Herstellung und Verlag:
BoD - Books on Demand, Norderstedt
ISBN 978-3-7519-4617-9

Meinen Freunden

Federweißer

Wortspiele mit Abwandlungen zu:

Bitzler, Brauser (RP)
Bremser (RP, Franken)
Burschak (CZ)
Federroter, Federweißer (D)
Neuer Süßer, Neier (RP)
Murci (H)
Rauscher, Risser (RP)
Sauser, Suser, Süßkrätzer (A, CH, BW)
Staubiger, Sturm (A, CH, BW)

In einem alten Weinkeller
müssen Trauben Federweißen lassen.

Zwiebelkuchen bricht er so lange,
wie sie Federweißen hat.

Je älter der Mann und jünger die Frau,
umso stürmischer der Federweißer.

Je schöner die Weinbäuerin,
desto lieblicher ihr Federweißer,
gilt auch reziprok.

Wer im alten Weinkeller Federweißen sät,
der erntet Sturm.

Ein alter Weinkeller überlebte manchen Sturm.

Wer im alten Weinkeller zu hoch rauscht,
den lehrt der Federweiße das Sausen.

Wer einmal vom Federweißen berauscht,
der lässt das Sausen nicht.

Wer ein liebes Weib hat,
der hat auch Federweißen.

Je steiler der Hang zum Federweißen,
desto geiler der Sturm.

Wer nur dem Federweißen nachläuft,
der saust am Arsch vorbei.

Schlafe nie mit Federweißem in Federn weißen,
weil stürmisch die Nacht.

Vielbiertrinker machen eine Brauerei,
Federweiße Schwule, eine Sauerei!

Auf den Stufen zum alten Weinkeller
besteht Rutschgefahr, wenn die Wirtin
die Gäste mit Federweißem bepflastert.

Der Krug trinkt so lange kein Wasser,
bis er Federweißen bricht.

Wenn die Weiber Zwiebelkuchen backen,
haben sie den Schalk im Nacken
oder Federweißen im Keller.

Federweißer braust bei Frauen sanft nach innen
und stürmt bei Männern derb nach außen.

Ein vom roten Rauscher berauschtes Weib
rauscht länger.

Ein staubiger Sauser verkündct Sturm,
kein Bremser hält sie auf.

Neuer Wein kommt als Neuer Süßer
und trägt als Federweißer oder Federroter
federleicht, steigt als Bitzler, Rauscher mit Brauser nach
oben und fährt als Sauser im Sturm nach unten,
ohne Bremser, schnurstrack,
wie Murci und Burschak.

Wer im alten Weinkeller zwischen zwei Stühlen sitzt,
sollte keinen Federweißen trinken,
oder dichte Pampers tragen.

Alte Weiber und junger Wein,
schlafen nach dem Federweißen ein.

Gegen Katzenjammer hilft oft ein Federweißer,
auch wenn dir zum Kotzen ist.

Wer jung und stark sein will,
darf keinen Federweißen scheuen.

Ist deine neue Hose voll,
ist es zu spät den Federweißen im alten
Weinkeller zu verfluchen.

Federweißer, auch Sußkrätzer, verkürzen lange Nächte
und Wege im alten Weinkeller.

Ein junger Mann wird manchmal zum alten Weisen,
ein Federweißer immer zum jungen Wein.

Der Winzerin tut ihr Federweißer gut,
wenn er im jungen Wein noch rauscht.

Im alten Weinkeller bricht keine Katastrophe herein,
ohne als Vorbote Federweißen vorauszuschicken.
Der Federweiße macht den Weinbauern.
Je reifer der Mann,
umso fester sitzt der Federweiße.

Man erkennt den Weinbauern am Federweißen.

Viele Federweiße machen ins Bett.

Wer lange Federroten trinkt, der stürmt lange.

Wer einen Zwiebelkuchen zupfen will,
fängt mit dem Federweißen an.

Wer Federweißen hat, den kann man rupfen.

Die Derivate vom Federweiser,
von Bitzler bis Sturm,
sind vom Olympischen Komitee noch nicht
als Doping (an)erkannt, obwohl danach mancher flotter
läuft.

Ein Fässchen Wein hält länger,
als ganze Fässer Federweißer.

Federweißer als Nachtisch,
ist eine herbe Quittung.

Es besteht Rutschgefahr, ist der Weg zum
Weinkeller mit Federweißem gepflastert.

Säuft der Teufel Federweißen,
zerstampft sein Klumpfuß das Maisfeld.

Vor dem Wein sieht man die Gesichter,
nach dem Federweißen - die Ärsche.

Diktatoren und Federweißer fallen in allen
Varianten und Ländern leicht durch.

Mit Federweißem überladen,
bricht auch der stärkste Wagen.

Federweißer wirkt sanft nach innen
und stößt hart nach außen.

Der Edelrausch ist dem Mann,
wie der Edelpilz dem Aszu,
nach dem Brechen schrumpfen und reifen sie.

Mit „merci Murci" dankt eine Französin dem
ungarischen stürmischen Rauscher.

Wer zu hoch fliegt, verbrennt sich
am Federweißen,
oder den lehrt der Federweiße das Sausen.

Wer dem Federweißen nachläuft,
kommt an den Arsch.

Geschüttelt und gekreuzt

Ein Opfer ward dem Klimmenstängel,
Dorintens feines Stimmenklängel.

Die Molligkeit der Bettenkissen
verschlingt er oft mit Kettenbissen.

Unterm Hain die Pollenwächter,
treiben es mit Wollenpächter.

Selbst aus einer Reckenhose,
duftet keine Heckenrose.

Hab doch keinen Heiratsbammel,
wegen so 'nem Beiratshammel.

Immer mit 'nem Bahnsteigkärtel
fährt sie zu dem Kahnsteigbärtel.

Wirst du jetzt noch Bräuterkitter,
trinke weiter Kräuterbitter.

Siehst du diesen Haubentaucher,
gleich fängt dieser Taubenhaucher.

Über eine Heizungsrose,
hängt er stets die Reizungshose.

Bläst er in die Körnerhosen,
klingt es fast wie Hörnerkosen.

Über sechzehn Wadenlagen
übt er in dem Ladenwagen.

Er nimmt doch die Kassenmeile
lieber als die Massenkeile.

Der da auf der Humpenleiter,
ist das nicht Herr Lumpenheiter?

Triffst du ihn in Siegerlaune,
kommt er aus der Liegersaune.

Bricht selbst in die Rumpelkammer,
dieser geile Kumpelrammer?

Trägt zu einer Narrenkappa,
nur Lieschen Müller Karrennappa?

Öfter sieht man Klagemeister
betteln um 'nen Magenkleister.

Hinter einem Lodenheere
tuckert öfters Hodenleere.

Mancher stramme Leerhager
duckt sich ab im Heerlager.

Nicht hinter jedem Kassenreime
stecken heute Rassenkeime.

Sven wärmt seine Doppelstecken
unter Claudis Stoppeldecken.

Zieht denn jedes Trachtenjackel
übers Meer mit Jachtentrackel?

Malt der Himmel Wolkenmeisen,
strömen daraus Molkenweisen.

Hörst jetzt oft, dass Starkaufbänker
sind die größten Barkaufstänker.

Springt denn jede Hoppeldolde
und wirkt wie eine Doppelholde?

Manchmal ist ein Doppelstecker
grazil, wie ein Stoppeldecker.

Drückt dich grad dein Kummerwännel,
spiel ihm auf dem Wummerkännel.

Nicht jede leere Haubentreber
eignet sich als Traubenheber.

Von Lianens Klimmenstängel
strömt ein leises Stimmenklängel.

Die seltne Art der Biesenratten
trifft man nur auf Riesenbatten.

Selten kommen Staffelweine
eingepackt in Waffelsteine.

Sah man jeh nen Lurchenfeger,
hinter einem Furchenleger?

Oder einen Schurkengatten,
hinter seinem Gurkenschatten?

Selten auch ne Blumenkreiche,
über einer Krumenbleiche.

Oder gar ne Trauersaufe,
unter einer Sauertaufe?

Darum hüpft ein Stengelbube
lahm aus seiner Bengelstube.

Und es glimmt ne Steuerfackel
lichtlos aus dem Feuersackel.

Selten ist ein Finstergucker
immer nur ein Ginsterfucker.

Feilt heut nur ein Wichtenfeilchen,
immer nur ein Fichtenweilchen?

Ist es eine Nabelgabe,
das Kratzen mit der Gabelnabe?

Selten brät ne Pummelstute
Weihnachten ne Stummelpute.

Buben, mit nem Tiefenriegel,
schmilzt man in nem Riefentiegel.

Ein Schneider ist ein Hosendocker,
aber doch kein Dosenhocker.

Ist denn jeder Schummelturke,
gleich ein mieser Tummelschurke?

Jeder mit nem Hammelsacke,
gärtnert mit ner Rammelhacke?

Und aus des Winters Gammelregen,
sprießt im Frühjahr Rammelsegen?

Schaffen diese Wackeldichte
nur noch kleine Dackelwichte?

Tragen denn die Leckermäuse,
in ihrem Pelz nur Meckerläuse?

Ist Lars ein toller Schosenheißer,
oder ein flotter Hosenscheißer?

Selten hatt' ein Leineweber
im Alter eine Weineleber.

Zahlen jetzt die Lobbyhosen,
die Fünfmillionen Hobbylosen?

Reichen ihre Laubengänge,
immer nur ne Daubenlänge?

Strömt zum Saal ein Pollenrudel,
niest nicht nur der Rollenpudel.

Tragt nicht jeden Gewerbsbericht,
gleich hin zum Bewerbsgericht!

Vergebens suchst du Schillermuster
am Leisten bei dem Millerschuster

Springst du von der Kettenbrücke,
hilft dir nur ne Bettenkrücke.

Im Heuhaufen sie liegen wieder
und summen keusche Wiegenlieder.

-.-

Kannst nicht mit dem Dudenbecken
ständig deine Buden decken.

Zeigt dein Esel Dauerbocken,
musst du einen Bauer docken.

Führt sie ihren Dosenlackel
hin zu ihrem losen Dackel?

Viele knusprige Wonnensachsen
unter Sachsens Sonnen wachsen.

Sie stritten um die Sittenregel
und kreuzweise sie ritten Segel.

Wetten, dass nach Hügelflausen
Läuse unter Flügel hausen.

ur auf seltnen Wilddiebbildern
sieht man heut den Bilddieb wildern.

Man kann auch mit viel Humorteilen
neuerdings 'nen Tumor heilen.

Die allergröbsten Doldenhenker
sind im Land die holden Denker.

An Uniformen Biesenfalten
stehn nicht mal nem fiesen Alten.

Saufen Bier die Linsenbullen,
werden sie in Binsen lullen.

Nistet heut ein Laubengänger
unter bunten Gauben länger?

Am See auf eine Hummerstunde,
lauert ein Dutzend stummer Hunde.

Bei diesem krummen Stempelhutzen,
wird wohl auch Herr Hempel stutzen.

Reißt sich an der Dosenkante,
jedes Mal beim Kosen Dante?

Im Gebirge der Fichtendackel
schnauft hinter einer dichten Fackel.

Nistet heut ein Laubengänger
unter bunten Gauben länger?

Selten trägt man Taschenlatze,
nur mit einer laschen Tatze.

Singles jetzt in Rattengauben,
keuscher Frauen Gatten rauben?

Diebesgut, selbst lagenweise,
fährt man mit dem Wagen leise.

Kannst nicht mit dem Dudenbecken
ständig deine Buden decken.

Zeigt dein Esel Dauerbocken,
musst du einen Bauer docken.

Im Heuhaufen sie liegen wieder
und summen keusche Wiegenlieder.

Treten sich mit Stiefel Rangen,
streiten sie um Riefelstangen.

Mancher stramme Leerhager
duckt sich ab im Heerlager.

-.-.-.-

Im Mondschein junge Tauben lauschen,
die erste Küsse in Lauben tauschen.

Beim Aktbildraub die Diebe lachten,
weil sie sofort an Liebe dachten.

Ein Judoka kann Weiber lehren,
wie sie sich fremder Leiber wehren.

Roten Mund bei Nässe küssen,
reizt dich schon bei k(a)esse Nüssen.

Bevor ich welke Nutten küsse,
knack ich lieber in Kutten Nüsse.

Am Busch auf eine Datsche lauernd,
durch sumpf'ge Wiesen latsche dauernd.

Zu dem Rhythmus steiler Klampfen,
durch Waldesdickicht Keiler stampfen.

Er winkte aus der Ferne steil,
und bot ihr alle Sterne feil.

Einarmig unsres Bollen Muße,
reißt er mit fünfzehn Mollen Buße.

Musst öfters unter Palmen husten,
wenn Sonnenstrahlen Halmen pusten.

Weibsbilder auf den Kasten pochen,
wenn Mannsbilder nur Pasten kochen.

Ein Enfant gern die Wüste küsste,
wenn er doch nur die Küste wüsste.

Lass dich nicht von Säufer locken,
riech erst ihre Läufer Socken.

Jährlich unsre Kessel Falken
im Fluge ihre Fessel kalken.

Hört die Katz die Meise lachen,
muß sie etwas leise machen.

Mit'nem steilen Nase Babel,
triffst du leicht der Base Nabel.

Weißt du wie viel Silan Mole,
schwimmen in des Milan Sole?

Kaust du erst par Mole SiO,
Singst danach du Sole MiO.

Statt immer nur an Buchen kacken,
solltest du mal Kuchen backen.

Man kann nicht nur beim Kauen basteln,
sondern auch beim Bauen kasteln.

Willst nur in feinen Tücherln bummeln,
kannst dich nicht in Bücherln tummeln?

Musst ihn ja nicht taufen heuer,
findest du den Haufen teuer.

Hörst im Flur die Katzen rotzen,
im Keller wohl die Ratzen kotzen.

Das Weib ihm desto ferner weilte,
je mehr sie unser Werner feilte.

Über Schusters kurze Falte,
strömen öfters Furze, kalte.

Wo zweie nur mit Hiebe leben,
kann sie nur die Liebe heben.

All abends uns die Wetten Finken,
mit ihren großen Fetten winken.

Der Watz wollt sie am Bauche jücken
und musst sich in die Jauche bücken.

Bärte öfters Keile stämmen,
wenn sie dicke Steile kämmen.

Auf seinem Pelz vier tolle Wanzen,
Polka in seiner Wolle tanzen.

Musste sich ne Latte mausen,
um damit sich die Matte lausen.

War einst ein guter Kassen Merker
und sitzt jetzt ein im Massen Kerker.

An der Chaussee lauter Weiber lagen,
konnt` sich nicht an ihre Leiber wagen.

Wenn Bären an der Wabe nagen,
sie sich nicht an die Nabe wagen.

Mußt' sich an seine Reime ketten
und die letzten Keime retten.

Man kann selbst noch die besten Wilden
straff unter ihren Westen bilden.

Grad dort, wo wilde Sippen keifen,
sollt man sie mit den Kippen seifen.

Selbst die kleinen Tannen Wanzen
Csárdás in den Wannen tanzen.

Eber nahe der Bäume suhlen,
um der Säue Säume buhlen.

Gib acht, was ich mit Worten sage,
wenn ich mich an die Sorten wage.

Liegt unter einer satten Weide
und träumt, er läg' in Watten Seide.

Ob er sich will an Seile wagen,
wird er nach einer Weile sagen.

Was selbst heiße Finnen lassen,
nachts unter kaltes Linnen fassen.

Wenn auch ihre Wangen hohler,
am Kreuze sie doch hangen wohler.

Angesichts nur heller Kassen,
muß man wohl die Keller hassen.

Lodert eine dichte Fackel,
schont auch nicht der Fichte Dackel.

Schüttet er in Zitter Becher,
reut es öfters bitter Zecher.

An den Bächen wühlen Mollen,
die wohl in die Mühlen wollen.

Die Mühlen nach dem Mahlen kühlen,
lohnt sich nicht bei kahlen Mühlen.

Aber meist nach kühlen Wahlen
werden weiter Mühlen kahlen.

Es ist bis in die Sohle Wonne,
scheint zu deinem Wohle Sonne.

Über Elsaß' harme Wasen
hoppeln dauernd warme Hasen.

Nähert sich die Meise Linnen,
wird sie sicher leise minnen.

Weihnacht aller Rinder Basen,
schnell nach einem Binder rasen.

Streben ins Kaufhaus Massen Kinder,
klingelt's nicht in den Kassen minder.

Siehst du selbst der Bache Ritter,
schmeckt heut wohl die Rache bitter.

Füllt man in die Tassen Mollen,
ganz entzückt die Massen tollen.

Ob ihrer großen Kranken Teile,
bezogen oft die Franken Keile.

Über deiner Lippe Sachen
hörst öfters du die Sippe lachen.

Wenn im Dorf das Silo mittig,
lacht darüber Lilo sittig.

Einer der 'nen losen Hintern,
öfters muß die Hosen lintern.

Lauern auf deine Sicke Diebe,
schütze sie durch dicke Siebe.

Willst du dich zu Ferge setzen,
ohne daß die Serge fetzen?

Meines Nachbarn dicke Setter
machen seine Sicke fetter.

Willst du mit dem Sechter füttern,
musst du auch den Fechter süttern.

Neue Kraft, wenn Teile wanken,
musst du eine weile tanken.

Aus dem Takt mit Schlegel Flitzer,
kommst du mit 'nem Flegel Schlitzer.

Achte, daß nicht schlappe Flammen
über deine Flappe schlammen.

Nehm'n winters dir die Schimmel Finken
deinen letzten Fimmel Schinken?

Eh' man wird die Schalke fassen,
wird man einen Falke schassen.

Eh' wohl kann ein Flosser schließen,
wird wohl noch ein Schlosser fließen.

Überall noch schreien Franken,
jetzt selbst nach den freien Schranken.

Du siehst wohl nicht des Schrankes Fritte
und hörst auch nicht des Frankes Schritte?

Es fehlte nur des Faden Breite,
dass er sie schon beim Baden freite.

Im Stasitrakt die Wanzen tanzen,
selbst oben drüber tanzen Wanzen.

Gehen nackt die Leute baden,
kannst bequem du Beute laden.

Es fliehen ihr die Waden Maschen
immer nur beim Maden Waschen?

Ich höre schon die Beste kollern
über meine Reste bollern.

Wenn den Schlegel hauen Leute,
verkneife dir den Lauen heute.

Glaub an keinen tollen Wandel,
alle Weiber wollen Tandel.

Du schmorst in ihrem Himmel Feuer,
kaufst ihr nicht den Fimmel heuer.

Wenn am Hang statt Kufen, Reifen,
hörst du nur statt Rufen, Keifen.

Alle die 'nen Serben wollen,
immer fleißig werben sollen.

Kommen oft, wie heute Massen,
wird er bald die Meute hassen.

Hörst im Tal die Hämmer läuten,
wird der Bauer Lämmer häuten.

Nur ein steter Wasser Handel
fördert sanft der Hasser Wandel.

Alle Männer tragen Kappen,
die mit steifen Kragen tappen.

Selbst die steifsten Sachsen wollen,
dass die Renten wachsen sollen.

Drückt zu stark dein Hasen Bimmel,
denk nicht an der Basen Himmel.

Selbst in solchen magern Landeln,
findest du in Lagern Mandeln.

Willst du dir die Splitter falten,
musst du erst die Flitter spalten.

Willst du ihrer Tasche lauschen,
musst mit ihrer Lasche tauschen.

Immer in die Kerbe hauen,
heißt auch mal ne Herbe kauen.

Kannst ruhig in die Kerzen schauen,
musst nicht nur im Scherzen kauen.

So wie die die Normen formen,
kannst auch du die Formen normen.

Alle die da Blobel hasen,
können mich am Hobel blasen.

Musst keiner eine Feder lassen,
die dir so ans Leder fassen?

Nicht nur in der Ratzen Kammer
findest du der Katzen Rammer.

Immer bei 'ner Rammer Jause
hat der große Jammer Pause.

Hinter all den Nobel Hecken
tobt das reinste Hobel Necken.

So wie die in Fieber blusen,
können auch die Bieber flusen.

Die sich mit der Frage trugen,
später nach der Trage frugen.

Immer wenn die Heiden bolzen,
sieht man auch die Beiden holzen.

Eh' sich wird dein Fieber legen,
solltest du doch lieber fegen.

Selbst eine latente Pore
ärgert die patente Lore.

Hörst die ganze Farma poltern,
wenn sie wen in Parma foltern.

Das könnte doch der Flunder passen,
wenn sie dich mit Plunder fassen.

Karten können Falter mischen,
aber nicht in Malter fischen.

Geht es um der Prager Fritsche,
oder um der Frager Pritsche?

Willst Kutten du im Prater fassen,
muß eine auch dem Frater passen.

Scheitert er in Vaters Rolle
immer nur durch Raters Volle?

Siehst du wie die Franken pusseln
und mit ihren Pranken fusseln?

Musst nicht gleich den Fratzen petzen,
dass du willst mit Pratzen fetzen.

Alle die das Faxen hassen,
soll'n sich an die Haxen fassen.

Fliehen selbst des Kummers Nüsse,
immer vor des Hummers Küsse?

Dein Leder kann ein Dummer narben,
es muß nicht gleich die Nummer darben.

Brauchst für deine Reime Fichten,
musst du eine Feime richten.

Willst du eine Reife sichten,
musst erst mal die Seife richten.

Die Schweiz kann eine Kasse tücheln
und in einer Tasse kücheln.

Haben auch die Gassen Mängel,
finden doch die Massen Gängel.

Gedenk bei deiner Reisen Moste
auch mal deiner Meisen Roste.

Sollten deine Kappen rosten,
wid's nicht gleich die Rappen kosten.

Solltest du im Malter hausen,
wird dich auch kein Halter mausen.

Nicht nur bei 'ner Masse Rädchen,
findest du auch Rasse Mädchen.

Siehst du sie beim Lädchen fegen,
musst du keine Fädchen legen.

Wird man sie beim Ledern fassen,
werden sie wohl Federn lassen.

Wenn dich seine Hunde fassen,
wirst du seine Funde hassen.

Wenn sich wird die Gaube lösen,
muß er durch die Laube dösen.

Alle die an Berta hangen,
müssen jetzt um Herta bangen.

Schärfe nie den Dengel Steckel,
nur mit einem Stengel Deckel.

Alle die auf Bebel hacken,
werden keinen Hebel backen.

Geh' nicht gern zu meinem dental,
lieber doch zu deinem mental.

Willst du eine Lecke haben,
musst dich an der Hecke laben.

Willst ihm Wein im Heber geben,
Musst du erst den Geber heben.

Willst du nach 'ner Taxe faxen,
lass erst deine Faxe taxen.

Brauchst für deine Hege Wagen,
nimm für alle Wege Hagen.

Weil sie so am Rechte hingen,
sieht man heut noch Hechte ringen.

Wenn du wirst die Barbe futtern,
hörst du schon die Farbe buttern.

Siehst ihn an der Bimmel fummeln,
geht sie mit dem Fimmel bummeln.

Wirst für deine Sohle büßen
und ihm noch die Bohle süßen?

Eh' du hörst 'ne Fackel lallen,
wird wohl erst ein Lackel fallen.

Immer nur für Heere Tunten
passen keine Teere Lunten.

Ist es doch der Lehren Heute,
morgen schon der Hehren Leute.

Sie wird sich in Beeren tummeln
oder geht beim Teeren bummeln.

Die erst sich um die Wetten keilen,
später dann in Ketten weilen.

Selten trägt ein Kappen Häppchen
unter seinem Happen Käppchen.

Unter seiner Hange Backe
schleift er seine Bange Hacke.

Wird ihnen dann am Keller hapern,
wenn sie soviel Heller kapern.

Will er nur mit Hartholz backen,
muß er öfters Bartholz hacken.

Schickt die Mutter Kärtling hacken,
verdrückt sich Söhnchen Härtling kacken.

Kannst wie eine Taube hasten,
ihr nicht an die Haube tasten.

Siehst du wie die Hasen rupfen,
über seinen Rasen hupfen?

Vertragen doch das Heute lässig,
auch wenn sich die Leute hässig.

Schläft so gern der Hasen Backe
unter deiner Basen Hacke?

Willst du eine Haube laben,
musst du eine Laube haben.

Wird sich wie 'ne Herme tummeln
und am Rain als Terme hummeln.

Wieder kommt ein leiser Haufen,
hörst doch schon ihr heiser Laufen.

Während Eber Bilder schauen,
müssen Elche Schilder bauen.

Willst um eine Kanne werben,
musst du erst die Wanne kerben.

Wenn Kinder erst mit Locken fliegen,
bleiben ihre Flocken liegen.

Alle die zur Feier lallen,
werden durch die Leier fallen.

Wollen sie den Keller taufen,
müssen sie erst Teller kaufen.

Willst du eine Bande langen,
musst du um die Lande bangen.

Siehst selbst nicht einen Faster lächeln,
wenn ihm seine Laster fächeln.

Da soll sich nicht ein Masur lausen,
wenn sie ihm die Lasur mausen?

Es wird schnell die Lette fegen,
bevor sie ihn in Fette legen.

Es wird dir schon den Nimbus lehmen,
wenn sie dir den Limbus nehmen.

Immer laut die Taube loben,
wenn sie durch die Laube toben.

Siehst du dort den Maxe hopsen,
will er wohl 'ne Haxe mopsen.

Wenn die Väter Rinder kaufen,
sieht man oft die Kinder raufen.

Wenn die Weiber Laschen machen,
hörst du sie durch Maschen lachen.

Alle die mal Schröder köpfen,
werden einen Köder schröpfen.

Buben, die mit Locken saufen,
werden nackt in Socken laufen.

Wenn sie an die Masten pissen,
werden sie die Paste missen.

Werden dann am Hotter docken
und auf gelbem Dotter hocken.

Wenn sie nicht die Lotte hassen,
müssen sie die Hotte lassen.

Wenn sie durch die Ritze lauschen,
hör'n sie Nachbars Litze rauschen.

Steigt Neptun dann auf Mades Bitte,
schreiend aus des Bades Mitte.

Muss er sich vor Magma ducken,
hört man gleich die Dagma mucken

Kriegt er auf der Fähre Mettwurst,
macht wer aus der Mähre Fettwurst.

Wenn sie dann die Mähne hissen,
werden sie die Hähne missen.

Sieht man dort die Horde bolzen,
wie sie an die Borde holzen.

Wollten früher Borte hauen,
jetzt für sie die Horte bauen.

Alle die am Bimmel hangen,
werden um den Himmel bangen.

Werden um den Lohne bangen,
eh' sie dann zur Bohne langen.

Sieht der Watz den Buhle suhlen,
muß er um die Suhle buhlen.

Übers Eis mit Suppe puckeln,
Höker an der Puppe suckeln.

Buben, die die Pocken sacken,
werden bald die Socken packen.

Und dann auf der Sohle kalben,
vorher nicht die Kohle salben.

Werden schnell durch Salze wetzen
und sich auf die Walze setzen.

Und dann in dem Bette würgen,
für sie um die Wette bürgen.

Werden sich die Böcke retten,
wenn im Haus sich Röcke betten?

Und die, die beim Kalben saufen,
werden weiche Salben kaufen?

Wenn sie dann die Fahne setzen,
sie sich um die Sahne fetzen?

Als ob sie um die Säule gingen,
wo drauf alte Gäule singen.

Geh'n zum Trog die Rammler saufen,
immer um die Sammler raufen.

Hat dann auch ihr Samen Dusel,
erreicht er bei den Damen Susel.

Immer nur nach Pappe säppeln
und dabei die Sappe päppeln.

Wird eiserne Gardinen sehen
und nicht nach Sardinen gehen.

Werden doch das Fasse gluten,
nicht den Wein zur Gasse fluten?

Weil Böcke durch das Gärtchen brausen,
Rehe sich vor Bärtchen grausen.

Sind Finger ihm und Daumen gulden,
wird sie ihn am Gaumen dulden.

Es wird auch keine Geisel mucken,
sieht sie erst den Meisel gucken.

Weil sie erst die Geige fingen,
und danach zur Feige gingen.

Und sahen erst den Geifer keifern
und darauf den Keifer geifern.

Was für Gott der Seile Feger,
ist des Teufels Feile Seger.

Erreicht er nach 'ner Meile Kassel,
hat er nach der Keile Massel.

Ist nicht grad Herrn Bauers Söhnchen
gut genug für Sauers Böhnchen?

Federn lässt im Motel Holle,
trinkt sie ihre Hotel Molle.

Lahmt ihm seiner Taschen Lampe
immer bei der Laschen Tante?

Sie werden erst die Tuba kaufen
und sie dann auf Kuba taufen.

Der mit seiner Tumor Haxe,
fährt auch noch mit Humor Taxe.

Gerät ihm mal die Tusche happig,
wird dabei die Husche tappig.

Werden in der Mensa pausen
und dort ihre Pensa mausen.

Siehst du unterm Nabel Bebel,
fällt grad über Babel Nebel.

Siehst ihn in dem Hagel nackend,
fühlst du, wie ein Nagel hackend.

Ach wie seine Kontur mollert,
wenn er in der Montur kollert.

Sieht man dort den Duse blödeln,
gleich in ihrer Bluse dödeln?

Werden erst die Tasche leeren
und dann ihre Lasche teeren.

Unter Meisters Kotte Rosen,
sieht man dort die Rotte Kosen.

Durch Elsaß's kalte Wasen himmeln,
sieht man Tausend Hasen wimmeln.

Lustig, wie die Zwerge backen,
Stück für Stück vom Berge hacken.

Wo auch immer Zoten rappeln,
sieht man auch Herrn Roten zappeln.

Sieh, wie blöd die Spötter gucken,
wenn auf sie die Götter spucken.

Wie doch ihre Besten rauschen
und mit ihren Resten bauschen.

Alle geh'n zum Bauten Rummel,
doch ich mach 'nen Rauten Bummel.

Ist das nun 'ne Pummel Rose,
oder nur 'ne Rummel Pose?

Darf denn nun ein Feter beten,
oder nur ein Beter feten?

Lernt er nach der Fibel beten,
oder nach der Bibel feten?

Ist er wie der Biber findig
und baut mit 'ner Fiber bindig?

Wollten erst die Rinnen fitten,
eh' sie zu den Finnen ritten.

Ein Schweizer wollte Wolken melken
und nicht in den Molken welken.

Der Zeitgeist eines Rauchers Stunde
duckt sich in des Stauchers Runde.

Wenn im Mai die Stuten fleppen,
wiehernd Hengste Fluten steppen.

Fröhlich summen Socken Lieder,
unter einem Locken Sieder.

Sieht man dort die Stange bänkern,
wird sie gleich in Bange stänkern.

Und weil alle Stecher bocken,
gleich darauf die Becher stocken.

Fällt dabei im Sande Regen,
ist es noch am Rande Segen.

Sieht man sie in Saba ringen,
hört man sie in Raba singen.

Werden alle Sachen reifen,
sieht man sie die Rachen seifen.

Die, die Evas Sippe richten,
müssen Adams Rippe sichten.

Wenn sie dann die Sonde ritzen,
darf da keine Ronde sitzen.

Wenn darauf ein Sudel ruppig,
wird das ganze Rudel suppig.

Brechen sie in Rage Siegel,
setzt ihnen die Sage Riegel.

Selbst der schönsten Musen Backe,
taugt nichts bei 'ner Busen Macke.

Hilft ihnen nicht des Mauers Baden,
so helfen oft des Bauers Maden.

Es schmeckt auch kein Maronen Beisel,
stemmen die Baronen Meisel.

Sie sehen noch Herrn Möller bummeln,
wenn nebenan die Böller mummeln.

Ums Nest für ihre Meute bauen,
lässt die Katz die Beute mauen.

Wollen grad ihr Mündel bessern,
müssen dazu 's Bündel messern.

Die Buben in der Statik Baude,
zertrampeln jede Batik Staude.

Stellt er sich beim Ständchen bockig,
wird ihm schnell ein Bändchen stockig.

Buben, die nur Ställe bauen,
können nicht die Bälle stauen.

Kennst du nicht der Pasten Kosten,
find'st auch nicht der Kasten Posten.

Spinnen, die beim Klimpern weben,
bleiben an den Wimpern kleben.

Hören dann der Wippen Klirren,
scheitern an der Klippen Wirren.

Wenn sie dann die Klinken wittern,
werden sie mit Winken klittern.

Überall wo Lanzen wachen,
hört man laut die Wanzen lachen.

Schlagen uns die Wetter Laffen,
täglich nur mit Letter Waffen?

Hört man ihre Kutter fauchen,
immer nur beim Futter kaufen?

Hört man laut die Mäuse lachen,
sie sich über Läuse machen.

Es hilft auch nicht der Torten Waschen,
füllt man uns mit Worten Taschen.

Hört man laut im Schatten rummeln,
dort mit Speck die Ratten schummeln?

Mädchen, die mit Käppchen laufen,
wollen weiche Läppchen kaufen.

Trotz Regen und der Karten Güsse,
tauscht Nachbars Bub im Garten Küsse.

Immer wenn die Ganter keifern,
hört man ihn im Kanter geifern.

Sänger, die an Sagen hangen,
öfters auch mit Hagen sangen.

Buchmacher, die auf Helen setzten,
den Gaul dann auch mit Selen hetzten.

Buben, die mit Säbeln hudeln,
später oft mit Hebeln sudeln.

Größen, die zu Heiden sinken,
sieht man oft in Seiden hinken.

Nein, er ist kein Wehen Sucher,
doch er treibt mit Sehen Wucher.

Scheint auf deine Wiege Sonne,
strahlt in alle Siege Wonne.

Quert öfters an der Danten Quelle,
ein Physikus die Quanten Delle?

Will sich nicht zur Handbank setzen,
lieber auf der Sandbank hetzen.

Auf ihren Häuptern wachsen Sieder,
finden sich die Sachsen wieder.

Es wird dir nicht an Soden hapern,
aber bald dein Hoden sapern.

Hast du erst die Sippe hinnen,
wird für dich 'ne Hippe sinnen.

Du kannst nicht nur den Sammer hintern,
du musst auch mal 'nen Hammer sintern.

Hinter einem Samen Haufen,
ist's wie in 'nem Hamen saufen.

Immer wenn sich Massen tummeln,
klingt es, wie wenn Tassen mummeln.

Klar, dass in dem weichen Sachsen,
immer nur die Seichen wachsen.

Wer mit Granit will Bände weißen,
wird auf harte Wände beißen.

Das ist nicht nur 'ne Zahlen Wacke,
das ist ganz klar 'ne Wahlen Zacke.

Immer hinter Jansens Hause,
machen öfters Hansens Pause.

Buben, die in Stuben rauchen,
wird wohl gleich Frau Ruben stauchen.

Wenn im Maien Glöckchen blühen,
sieht man Nachbars Blöckchen glühen.

Auch wenn Hansens Bläschen glutarm,
macht dich doch kein Gläschen blutarm.

Wenn sie dann die Blase gluten,
wird nicht gleich dein Glase bluten.

Als sie nach der Glocke grummten,
immer sie im Blocke brummten.

Alle, die durchs Glasrohr bafften,
nachher auch durchs Blasrohr gafften.

Öfters bekommt der Griefe Blasur,
von seiner Liebsten, Briefe Lasur.

Wenn Buben erst durch Stübchen raunen,
werden da die Rübchen staunen.

Werden übers Rändchen stauben,
ihnen gleich ein Ständchen rauben.

Werden aus dem Stande reifen,
nur des Kragens Rande steifen.

Und mit eines Radels Stäbchen,
kitzeln sie das Stadels Räbchen.

Werden gleich zur Stiege ranzen
und dann eine Riege stanzen.

Lehrt ihm dann das Rübchen Steno,
sitzt ganz brav im Stübchen Reno.

Sind sie dann in Stücken reine,
fliehen sie und rücken Steine.

Nehmen dann den Rummel stadial,
durchstreifen ihn mit Stummel radial.

Sehen sie 'ne Runde Stuten,
stehen eine Stunde Ruten.

Wenn übers Bord die Dackel gucken,
werden sich die Gackel ducken.

Gleich wird wieder Hagen mäkeln,
wenn Susis ihm im Magen häkeln?

Jene, die am Maine hager,
bleiben auch am Haine mager.

Zeigt Linda nur ein Häppchen Maschen,
will er auch gleich ihr Mäppchen haschen.

Es wird auch nicht an Häher mangeln,
wenn immer höher Mäher hangeln.

Selbst an Mutters Mauer Herde,
sagt schon mal ein Hauer Merde.

Überall, wo Heiden melden,
diese Orte meiden Helden.

Wenn sie auch nicht Meiser heißen,
meiden sie doch heiser Meißen.

Kommt auch diese Meute heran,
erreicht ihr doch nicht heute Meran.

Katzen, die ein Mäuschen hissen,
werden bald ihr Häuschen missen.

Werden erst mit Hilde matschen,
erst dann ganz in Milde hatschen.

Werden, wenn das Moppel hinnen,
artig mit dem Hoppel minnen.

Kühlt doch oft der Huren Mütchen,
oft ein kleines Muren Hütchen.

Sticht doch so ein Motten Hutzel,
dorten in der Hotten Mutzel.

Wird er erst das Huschel maltern
und dann in der Muschel haltern?

Hunde, die an Masten hausen,
immer nur im Hasten mausen.

Trägt er in dem Mantel Hasel,
hat er mit der Hantel Masel.

Bellt doch oft des Hunters Mündel,
grad so laut, wie Munters Hündel.

Deucht mir öfters Hackes Mundart,
ähnlich doch Herrn Mackes Hundart

Während drinnen Mummeln hopsen,
werden draußen Hummeln mopsen.

In allen Landen Horden melden,
dort im Lande morden Helden.

Ist doch eines Mannes Hemme,
öfters seines Hannes Memme.

Kammerwärts zu Mansi Hunter,
fensterlt wieder Hansi Munter.

Ach wie liebt doch Mansis Hannes,
über alles Hansis Mannes.

Sportler, die die Rinden biegen,
reihenweise binden Riegen.

Geradeso wie Binder Kaiser,
lieben unsre Kinder Baiser.

Finds`t auch du, wenn Finder rauchen,
riecht's, als ob die Rinder fauchen?.

Könnte man die Raser fasen,
würde keine Faser rasen.

Am Walde steh'n oft rasse Feimen,
die sich leicht auf Fasse reimen.

Woll'n sie dort im Reigen fegen,
müssen sich die Feigen regen.

Spannt dort des Fiedels Ruder
öfter über Riedels Fuder?

Man sieht dort kaum der Fehe Runzel,
im fahlen Schein der Rehe Funzel.

Männer, die nur Tässchen feilen,
können keine Fässchen teilen.

Allweil bricht die Testungs Forte,
kinderleicht 'ne Festungs Torte.

Willst du ihn mit Tinte foppen,
musst du ihn mit Finte toppen.

Hörst schon weit die Tresse fauchen,
wie sie ihm die Fresse tauchen.

Löwen, die im Tunnel ranzen,
später dann im Rummel tanzen.

Man sieht ihn erst am Tegel picken
und hört schon seinen Pegel ticken.

Siehst ihn deine Pute tarieren,
musst du mit der Tute parieren.

Kannst Kinder nicht an Riefen tadeln,
wenn sie zu den Tiefen radeln.

Brauchst nicht erst zum Riegel tippeln,
wenn sie sich nicht vom Tiegel rippeln.

Sieht 'ne große Tücke Moni,
hält's nur für 'ne Mücke Toni.

Wer wohl nicht mit Tera heilbar,
für den ist auch nicht Hera teilbar.

Schwitzt doch öfters Torsos Kante,
unter seines Korsos Tante.

Oftmals bricht der Kannen Tacke,
statt Kakao nur Tannen Kacke.

Männer, die die Teiche leeren,
sieht man oft 'ne Leiche teeren.

Es berühren reiche Wangen
immer öfters weiche Rangen.

Siehst du dort die Wachen reiten,
wie sie ihre Rachen weiten?

Willst du ihm die Weste reichen,
wird er nicht vom Reste weichen.

Kannst mal mit dem Retter wetten,
ob du wirst das Wetter retten.

Manche nichts vom Riesen wollen,
doch mit ihm durch Wiesen rollen.

Stellst dich in der Reise Wogen,
kriegst auf diese Weise Rogen.

Willst du mit dem Winde rippen,
musst nur mit 'ner Rinde wippen.

Musst erst deine Wunde ruscheln,
dann kannst du 'ne Runde wuscheln.

Leiber aus der Wolle ragen,
darauf eine Rolle wagen.

Willst du eine Reibe weihen,
musst du dich zum Weibe reihen.

Prahlt mit seiner Wade Reine,
trinkt er auf dem Rade Weine.

Männer, die 'ne Riege wollen,
selten eine Wiege rollen.

Ergreift dich dann die Wehe restlich,
ziehn im Pulk die Rehe westlich.

Musst nicht gleich zur Weihe reisen,
um ihn in sein Reihe weisen.

Wirst nicht mit dem Rüffel saufen
und dann mit dem Süffel raufen.

Musst dich nach dem Süden richten,
dort kannst du den Rüden sichten.

Die nach Adams Rippe sinnen,
öfters aus der Sippe rinnen.

Ist der Rosel Retter Senner,
oder nur ein Setter Renner?

Steigen nur der Senten Rester,
oder auch der Renten Sester

Kannst nicht erst mit Resel sumsen
und dann mit der Sesel rumsen.

Der Rat wird alle Sitze wenden,
dem Volke neue Witze senden.

Bienen über Wicke summen
und dann in die Sicke wummen.

Dirnen, die zum Siege wehen,
sich schon an 'ner Wiege sehen.

Sieht oft man ihre Sippe walzen
und selbst ihre Wippe salzen

Nur die auf den Wagen sollen,
die auch alte Sagen wollen.

Find'st ihn auf seinen Wegen seiden,
doch oft sich an dem Segen weiden.

Willst du diese Seiher wichten,
musst du ihre Weiher sichten.

Geölt kann sie mit Wonne sagen,
sie darf sich in die Sonne wagen.

Gift sich aus den Wunden sogen,
Ritter sich in den Sunden wogen.

Kannst dich erst in Watte sonnen,
danach dich in Satte wonnen.

Ernst macht diese fiesen Reime
unter einer riesen Feime.

Schluckt er diese Watte leiser,
wird er keine Latte weiser.

Knöpft erst seine Hose leiser,
ruft dann nach dem Lose heiser.

Über sechzehn Wadenlagen
übt er in dem Ladenwagen.

Immer wenn ich Bingen suche,
sorgt sie, daß ich Singen buche.

Brauchst gar keinen Happen legen,
musst nur deinen Lappen hegen.

Lässt du diesen Lauser machen,
werden alle Mauser lachen.

Lässt sich um das Puder lumpen,
und willst von dem Luder pumpen?

Spurtest durch der Lasten Pisten,
findest du die Pasten Listen.

Findet keinen Haken Lotte,
liegt auf ihrem Laken Hotte.

Willst du an Herrn Lotter docken,
musst du ihn mit Dotter locken.

Musst nicht erst die Rosen heißen,
sie wird dir so die Hosen reißen.

Musst erst ihr mit Tinte funken,
dann sie in der Finke tunken.

Weiber, die nur Fimmel hegen,
wird man aus dem Himmel fegen.

Machst du mit 'ner Lauben Tunte,
riechen deine Tauben Lunte.

Siehst du einen Hasen rasten,
musst nicht gleich zum Rasen hasten.

Zeitigst hier nur riesen Weine,
hältst du deine Wiesen reine.

Wenn im Saal die Räte katschen,
hört man gleich die Käte watschen.

Willst in dieser Laube dösen,
musst du eine Daube lösen.

Musst sie an dein Fuder lassen,
dann kannst du das Luder fassen.

Sieht zum Fass die Säufer laufen,
wenn am Trog die Läufer saufen.

Mäuse, die im Schatten raffen,
kann man zu den Ratten schaffen.

Männer, die viel Lieder machen,
hören gerne Mieder lachen.

Willst du zwischen Rosen dümpeln,
darfst du nicht mit Dosen rümpeln.

Wenn die Ricken Raucher tauschen,
hört im Tal man Taucher rauschen.

Drückt sie auf der Liege Willi,
schreit bald aus der Wiege Lilli.

Wer schwingt das Glas zur Weber Latte,
webt an seiner Leber Watte.

Selbst die letzte Pillen Welle
erreicht nur seines Willen Pelle.

Sollt er ihm ans Leder fassen,
wird er wohl 'ne Feder lassen.

Sie wird ihm schon die Pelle foltern,
sollt er in ihre Felle poltern.

Willst du ihn im Lokal pochen,
musst du erst 'nen Pokal lochen.

Gegen diese Kastor Plage,
erhebt jetzt selbst der Pastor Klage.

Schipper, die zur Regel saufen,
werden bald die Segel raufen.

Wenn die da oben kalben Hader,
verbraten sie 'nen halben Kader.

Öfters ziehn jetzt Kuli Männel
durch die Strasse Muli Kännel.

Man kann wohl in ein Kauwerk hauen,
aber doch kein Hauwerk kauen.

Früher konnten Winke pinken,
heute muss die Pinke winken.

Kaum sah er die helle Stelle,
ward er auf der Stelle helle.

Sie muss nicht gleich dem Hegel petzen,
dass du willst mit Pegel hetzen.

Als sie unterm Wagen lagen,
konnten sie zwei Lagen wagen.

Ständig nur die Mücken küssen,
sollten selbst nicht Kücken müssen.

Weiber, in der Kasse Mittel,
kaufen eine Masse Kittel.

Opponenten mit dumper Macke kauern,
und wegen jeder Kacke mauern.

Überall wo Fuchtel wuchteln,
immer öfters Wuchtel fuchteln

Männer, die mit Käppchen huren,
werden bald in Häppchen kuren.

Leichter kannst 'nen Käscher haschen,
als den alten Häscher kaschen.

Solltest lieber Heile karren,
als dort deiner Keile harren.

Besser mit der ganzen Sippe raufen,
als mit halber Rippe saufen.

Wenn schallend kleine Mädchen lachen,
sie bald hinter Lädchen machen.

Besser mit 'nem Humpen leben,
als aus Gräben Lumpen heben.

Verlierst du auch als Leiter Rose,
verkaufst du bald als Reiter Lose.

Gleich wird auch Herr Locker hampeln,
wenn er sieht den Hocker lampeln.

Der da auf der Humpenleiter,
ist das nicht Herr Lumpenheiter?

Trink du deinen Humpen leiser,
sonst werden dir die Lumpen heiser.

Siehst du dort die Herzen kuscheln
und im Schein der Kerzen huscheln?

Rundherum nur Weiber liegen,
splitternackt die Leiber wiegen.

Wenn im Chor die Säufer keifen,
wollen sie die Käufer seifen.

Wenn Frau schon seine Socke stinkt,
Mann tiefer mit dem Stocke sinkt.

Siehst du einen Feger nicken,
will er mit 'nem Neger ficken.

Die Maus mit einer Socke ringt,
die Mieze unterm Rocke singt.

Die mit so viel Bangen ritten,
um Nachsicht diese Rangen bitten.

Früher wie 'ne Heidenlerche,
singt nur noch seine Leiden Herrche.

Kopflose sagen, Rümpfe sollen
kopflos in die Sümpfe rollen.

Den Zahnarzt mit den Krücken bitten,
er soll dir die Brücken kitten.

Im Bootsleib sich an Binder ketten
und am Mast die Kinder betten?

Sie werden erst die Hülle füllen
und dann sich in die Fülle hüllen.

Man bricht des ärgsten Pinkels Willen
mit seines Herzens Winkels Pillen.

Mit Hast wird er zur Halde wetzen
und mit Schrott zum Walde hetzen.

Man kann auch mit viel Humorteilen
neuerdings 'nen Tumor heilen.

Die Liebchen auf der Liege wiegen,
kann nahe einer Wiege liegen.

Kannst, um in Randalen sichten,
nichts mit den Sandalen richten.

Sich um die Pilze Sammler raufen,
derweil im Busch die Rammler saufen.

Sieht selten man Randfichten Solos,
jetzt fensterln öfters Sandfichten Rolos.

Lässt Gott es am Saufabend regnen,
Radikale den Raufabend segnen.

Derweil sich drinnen Raufbolde sammeln,
sieht man zur Theke Saufbolde rammeln.

Zur Tränke lauter Simpel gingen,
am Vogelhaus die Gimpel singen.

Lerchen laut am Randdorn sangen
und nach Luft im Sanddorn rangen.

Verteilst du in 'nem Sudel Rüffel,
bändigst auch ein Rudel Süffel.

Leicht bricht man am Rande Siegel,
stecken nur im Sande Riegel.

Willst du deine Sandburg randen,
musst du erst die Randburg sanden.

Willst den Papst um Segen ruppen,
musst du lang durch Regen suppen.

Selbst wenn einmal die Nutten kuddeln,
sie nicht mit toten Kutten nuddeln.

Hast mit deinem Nabel Kummer,
wähle eine Kabel Nummer.

Erst mit ihm am Kessel nippen,
dann ihn in die Nessel kippen?

Da er keine Noten kannte,
sie ihn ‚Arsch' beim Koten nannte.

Knackt sie für den Küster Nüsse,
dankt er ihr mit Nüster Küsse.

Wenn Profis heut mit Nerzen kicken,
Grüne nur bei Kerzen nicken.

Stimmt es, dass nur kesse Frauen,
Männern an der Fresse kauen?

Oder dass nur keife Pfauen,
Männchen an der Pfeife kauen?

Nicht nur hinter Moden Lädchen,
flanieren sexi Loden Mädchen.

Am Berg müssen erst Hunde reben,
eh' sie eine Runde heben.

Nicht für jede Lippen Kehre
taugt die neue Kippen Lehre.

Werden sie die Losen hassen
und doch an die Hosen lassen?

Hörst das Wasser drüben tosen,
wie es quillt aus trüben Dosen?

Nicht nur alle weisen Laffen,
schlägt man gut mit leisen Waffen.

Stimmt es, dass die Nutten knebeln
und dann in die Kutten nebeln?

Nach dem Akt die laschen Weiber,
strammen Männern waschen Leiber?

Die, die steile Triebe haben,
zur Muse nur mit Hiebe traben.

Die Oma unterm Mose Lärchen,
erzählt dem Enkel lose Märchen.

Jedes Mal die Mutter küssen,
wird man nicht am Kutter müssen.

Müssen alle Hüttel Knaben,
einen großen Knüttel haben?

Die da suchen in Hüllen Knechte,
wollen keine knüllen Hechte.

Aller Weiber holde Gaben,
kann man heut für Golde haben.

Im Turme sieht man Knappen hebeln,
wie sie jeden Happen knebeln.

Sexeln und am Kalben hindern,
kann man heut nur halben Kindern.

Im Küchentrakt nur Hunde mopsen,
die nicht nach seinem Munde hopsen.

In der schönen Wiesen Runde
schlug er sich die riesen Wunde?

Wie sich dort die Borde hellen,
hört man gleich die Horde bellen.

Schlagen auch die Karten Wunden,
auf Liebesgrüße warten Kunden.

Lauthals schon die Kunden wetten,
man wird ihn trotz der Wunden ketten.

Im Suff schon alle Feger lallen,
er wird bald über Leger fallen.

Im Rausch umarmt der Peter Massen,
doch wird ihm nicht das Meter passen.

Fridolin dem Koche jammert,
daß man ihn ins Joche kammert.

Lockt dich denn zum Hügel Bummel
nicht mal deine Bügel Hummel?

Willst du deine Base heben,
musst nicht wie 'n Hase beben.

Dein Drogist, der Basen Hammel,
hat vor jedem Hasen Bammel.

Wer wie du muss Binde heißen,
den wird jede Hinde beißen!

Die, die auf der Hude bocken,
bleiben auf der Bude hocken.

Brauchst nicht vor dem Harem bärmen
und mit deinem Barem härmen.

Musst Zwiebel nicht im Bunde heizen
und das Fell dem Hunde beizen.

Wenn Eichhörnchen um Hasel bitten,
im Samba auch um Basel hitten.

Wenn das die ganze Heller Beute,
lass dann deine Beller heute.

Weiber, die mit Jammer kochen,
sollt man in die Kammer jochen.

Siehst du am Balle Hacke bolzen,
wird in der Halle Backe holzen.

Jeder Polittopf Neuer Farben
beschert uns böser Feuer Narben.

Über einem Nidel Fässel
tropft der Zahn dem Fidel Nässel.

Hansis strammer Hosen Boden
liegt sehr nah am bosen Hoden.

Nur die unter Rosen hocken,
in ausgefransten Hosen rocken?

Baust der Menge zum Wohle Katen,
wirst in ner Menge Kohle waten.

Wird er sie in Biesen wiegen
oder auf den Wiesen biegen?

Solltest doch nicht fiese Kragen
laut nach ihrem Kiese fragen!

Es geht die Kunde, die Bindern heißen,
werden Hunde in Hintern beißen.

Männer, die nach Siegen kriechen,
werden nach den Kriegen siechen.

Die allergröbsten Doldenhenker
sind im Land die holden Denker.

Öfters ist ne helle Dohle
unter ihrer Delle hohle.

Öfter zog ein Kingel Drähte,
wenn dabei sein Dingel krähte.

Sie erreicht mit Kumpels Stimme
selten seines Stumpels Kimme.

Darfst auch nicht zwei Kinderbetten
an einen seidnen Binder ketten.

Wenn auch nicht die Kinder mundig,
sind sie oft nicht minder kundig.

Stimmt es, dass die Soni Teiler,
Ski fährt wie der Toni Seiler?

Ja, es stimmt, dass Füllen Haxen
durch der Stute Hüllen faxen.

Durch den männlichen Kanale Beton
stapft der schwule banale Keton.

An Uniformen Biesenfalten
stehn nicht mal nem fiesen Alten.

Wenn im Lande siechen Reiche,
die am Bache riechen Seiche.

Eine Kuh, wie Liese Weise,
grast selten auf der Wiese leise.

Wenn draußen sich die Rosen ducken,
im Regal die Dosen rucken.

Wirft draußen ab das Röschen Decken,
muß drinnen sich das Döschen recken.

Überall wo Hirsche kuren,
sieht man auch ne Kirsche huren.

Nistet heut ein Laubengänger
unter bunten Gauben länger?

Willst du diesen Haufen kaschen,
musst du ihn durch Kaufen haschen.

Treten sich mit Stiefel Rangen,
streiten sie um Riefelstangen.

Am See auf eine Hummerstunde,
lauert ein Dutzend stummer Hunde.

Da wird sich Herr Feller kratzen,
zieht man ihm im Keller Fratzen.

Bei diesem krummen Stempelhutzen,
wird wohl auch Herr Hempel stutzen.

Reißt sich an der Dosenkante,
jedes Mal beim Kosen Dante?

Die zu üppig Reste fei(h)ern,
sieht man nachher feste rei(h)ern.

Männer, die auf Hügel bauen,
Frauen mit dem Bügel hauen?

Kriegst an Stelle des Strudels, Pickel,
straf sie mit des Pudels Strickel.

Willst den kleinen Lanzer taufen,
musst zu Pfarrer Tanzer laufen.

Selten trägt man Taschenlatze,
nur mit einer laschen Tatze.

Der Nachbar wird auf Dauer Mulden,
nicht hinter seiner Mauer dulden.

Willst täglich du auf Raten spitzen,
kannst dich leicht am Spaten ritzen.

Männer, die in Liebe saufen,
wie Molke durch die Siebe laufen.

Männer über Weiber lachen,
doch über ihre Leiber wachen.

Wer nicht gut im Fabeln nesteln,
taugt auch nicht zum Nabeln festeln.

Beim Dichten nur auf Flaschen lauschen,
Reimen bald wie Laschen flauschen.

Selten kannst der Fabel Gassen
Einfach mit ner Gabel fassen.

Singles nur der Daumen Grimmer
nehmen, statt der Gaumen Drimmer?

Stammt der Dreck von Gatter Simpel,
oder war's ein satter Gimpel?

Muss man grad Herrn Rotter danken,
wenn im Flur die Dotter ranken?

Wenn die flotten Dinger rucken,
muss sich selbst ein Ringer ducken!

Tragen jetzt die Pagen Lasten
nur noch nachts, an Tagen Pasten?

Willst du ihn mit Tadel rupfen,
musst nicht gleich sein Radel zupfen.

Geht heut auf das Ganze Lotte,
bricht sie eine Lanze Gotte.

Scheint mir oft der Büste Wogen,
weithin, wie der Wüste Bogen.

Oft sich alter Böcke Rücken,
unter junge Röcke bücken.

Wenn im Walde Wichtel leben,
werden sie auch Lichtel weben.

Siehst du im Walde Wichtel latschen,
die sich nur mit Lichtel watschen?

Siehst am Steg du Luder posen,
knackig sind die Puder losen!

Willst du mit der flotten Lotte,
nur rätseln auf der lotten Flotte?

Reitet der Farmer Dattel sichten,
muß er erst seinen Sattel dichten.

Zog er schon den Degen sachte,
eh' er an den Segen dachte?

Im Zelt mit Ina Pering hausen,
sollt er nur einen Hering pausen?

Öfters jetzt bei geilen Frauen,
Männer vor dem Feilen grauen.

Es stimmt nicht, dass der Hämmer Lenker,
allesamt sind Lämmer Henker.

Willst du von den Runkeln Daten,
such nicht nur im Dunkeln Raten.

Willst ewig an dem Binder Kauen,
statt Wiegen für die Kinder bauen?

Willst ewig durch die Heide socken,
wirst niemals du in Seide hocken.

Seltsam ist, wenn Weiber leiden
und sich über Leiber weiden.

Seltner als die Rinder Keime,
kennen heut die Kinder Reime.

Selten hat ein Penner Socken,
seltner nur ein Senner Pocken.

Turnen oft auf Ständer Rangen,
nicht nur auf der Ränder Stangen?

Selten Lehrer guten Raben,
etwas mit den Ruten gaben.

Hengste kommen reifen Stuten,
hinterrücks mit steifen Ruten.

Oder sind die Lobby Henker,
heute unsre Hobby Lenker?

Musst erst deine Rute pudern,
willst du mit der Pute rudern.

Musst doch keine Darre banken
und ihr vor der Barre danken.

Jedes Mal, wenn Bimmel heulen,
schlagen sie dem Himmel Beulen.

Kriegen selbst die Korken Beulen,
schlägt man mit der Borken Keulen.

Nach des Mälzers gären Bieren,
nicht nur braune Bären gieren.

Auf des Models Geigen Becken,
starren alle beigen Gecken.

Wenn im Suff zwei Geile beben,
niemals ihnen Beile geben.

Gedankensplitter, leicht gewürzt

Wenn manche sich zurückziehen,
um in sich zu sehen,
nehmen die es ihnen übel,
die immer nur sich sehen.

Angst vor der Tat, macht den Kühnen nach der Tat
und beschämt den Feigen in der Tat.

Dummen und Königen die Wahrheit sagen,
ist dumm.

Poesie ist Widerstand, weil die Mächtigen sie nicht
verstehen.

Kinder fangen durch ihre Unbefangenheit.

Toleriere die Haare, nicht aber den Kopf.

Zwerge auf den Schultern von Riesen
übersehen die Gefahr.

Ein Feuerwerk in den Händen der Jugend
kann Feuer sowohl als auch ein Werk bedeuten.

Nicht jede Beschäftigung mit der Schönheit ist weibisch,
nicht jedes Weib schön.

Wer den (Höhen)Flug wagt,
sollte (Fallschirm)Sprung geübt sein.

Es hurt der Bock Silvester
mit seiner lockeren Schwester.

Die erste Jugendliebe tolerieren, heißt nicht,
den Großen Garten zur öffentlichen Probierkammer
erklären.
Es fällt auch heute kein Meister vom Himmel,
aber mancher aus allen Wolken.

Man kann zwar die Liebste verlassen,
sich aber nicht bei ihr gehen lassen.

Wenn unsere Zeit sagt: Groß steht für Klein,
ob arm oder reich und dick für dünn, heißt das nicht,
die Mittelmäßigkeit lieben.

Wir hatten keine Freudenhäuser, weil wir viele Lieder
der Liebe sangen. Auch so gesehen war
das hohe Lied der Arbeit unser Untergang.

Deine Braut kann, sie muß ihrer Mutter
im Alter nicht gleichen.

Wut und Wollust, gar ungleiche Gesellen,
sind beide der Wahrheit größter Feind.

Nicht jeder Kartoffelschäler ist ein guter Koch,
nicht jeder Koch ein guter Liebhaber.

Katzenjammer ist keine Musik, auch wenn
mancher ein Lied davon singen kann.

Es nutzen weder Bankier, noch Zocker
neumodische Knickerbocker,
sind die Hosen voll und locker.

Ein Ochse und ein Wallach sind in einem gleich,
sie sind beschnitten.
Ihnen hilft auch die größte Inspiration nicht.

Es gibt nichts Einfallsloseres als Einfallslosigkeit.

Weise handeln nicht immer weise.

Selbst ein Tramper lässt seine gute Stube nicht zu Hause.

Reisen ersetzt Bücher. Wir brauchen gute Reisebücher.

Nicht jeder, der in Flammen aufgeht, ist ein Holzkopf.

Gute Argumente sind leise, nicht jedes leise gut.

Wer an unsere Zeit glaubt, ist wie eine Sage.
Er begibt sich in das Reich der Wunder.

Es ist ein Zeichen unserer Zeit, dass mancher alt aussieht,
so alt aber nicht wird.

Wer wagt gewinnt. Wer nichts wagt, verliert nichts.

"Den Morgen trennt die Nacht vom Abend",
ist nur die halbe Wahrheit.

Liebe und Hass duzen sich.
Unschuld und Unwissen sind oft so ungleich nicht.

Wer den Bogen überspannt,
trifft selten ins Schwarze.

Nach der zweiten Runderneuerung gibt auch
der beste Meister keine Garantie für die Laufzeit.
Schone den Reifen vor der ersten.

Hackepeter ist kurzgehacktes Fleisch,
mancher steht darauf.

Fehltritte sind verzeihlich, Übertritte nie.

Der Morgen läuft dem Abend hinterher und
 erreicht ihn nie.
Eine Nacht liegt zwischen ihnen.

Wer Kinder schlägt, kasteit sich selbst.

Geschichte ist überwundene Politik,
unüberwundene Geschichte oft Politik.

Wer viele Freunde hat,
braucht für Feinde nicht sorgen.

Dein Sohn trinkt so lange kein Wasser,
bis er bricht.

Wer andern eine Grube gräbt,
hat selber keine Datsche.

Die Alte im eigenen Bett wärmt mehr,
als die Junge in Nachbars Wohnung.

Schauen Hund und Kinder von fern auf deinen Besuch,
ist nicht dein Freund gekommen.

Wenn mehr Frauen im Bette sagten:
„Hab ich nicht",
würden einige Männer unruhig schlafen.

Mädchen und Narren gefallen gern.

Schauen Hund und Kinder von fern auf deinen Besuch,
ist nicht dein Freund gekommen.

Auch Architekten sind Künstler.
Ich bewundere ihre Geradlinigkeit.

Naturwissenschaftler und Maler
unterscheiden sich in ihren Modellen.

Wissen ist Macht, Können allmächtig.

Das Typische jeder Art tritt mit
zunehmendem Alter stärker vor.
Wölfe werden grauer, Menschen weiser.

Je flacher der Gedanke, umso tiefer der Schlaf.

Bergsteiger schlafen am Fuße des Berges,
um den stürzenden Berg nicht zu erklimmen.

Trägst du in jeder Lebenslage die Nase so,
dass es nicht hineinregnet,
dann wird auch nichts herauslaufen.

Eine Schwalbe macht keinen Sommer,
eine Windrose keinen Wirbelsturm.

Spaßmacher haben oft nichts zu lachen.

Wenn über der Puszta Donner grollt,
hebt der Ochse seinen Kopf.
Der Hund senkt den Schwanz
bei nahendem Gewitter.

Auch eine Mücke kann auf einem
Elefanten herumtrampeln.

Am Fußball wird es offenbar:
Was allseitig rund ist, wird gern getreten.

Je enger die Hose, umso leerer der Sack,
je voller die Brust, umso enger die Bluse.

Mit "Väterchen" verknüpft sich Güte und Weisheit.
„Das Väterchen" hat Millionen auf dem Gewissen!
So unpräzis sind Sprache und Zeit.

Schiller hat seine „Ode An die Freude"
vor 200 Jahren geschrieben. Sie wurde vertont
und übersetzt. Wie viel bleibt noch zu tun, dass sie
verstanden wird?

An Stätten, wo Geld gewogen wird,
haben das Wort und das Lied kein Gewicht.

Dudelei und Lobhudelei sind gleichsam Feinde
des Liedes.

Kühle Schluchten liegen für den heißen Wind zu tief.

Groß und klein ist nicht nur relativ und eine Frage
des Standpunktes, sondern kann auch an der
Relativitätstheorie gemessen werden. Auch so gesehen
ist nicht jedes Land mit einer erfolgreichen
Olympiaauswahl eine große Nation.

Tyrannen sind unmenschliche menschliche Größen.

Lieben kann man mit Nichts, zum Leben gehört mehr.

Das Leben ist, mathematisch gesehen, eine Addition
von Zahlen und lehrt: Beachte Größe und Vorzeichen,
sonst erhältst du leicht Nullen.

Manche Hündin wackelt mit den Hüften,
wenn gar kein Hund in Sicht.

Kopieren ist Mangel an Phantasie,
Phantasten mangelt es an Leben.

In tiefen Schluchten ist der raue Winter milder.

In: „Reichtum glänzt nicht mit Verstand",
sind Subjekt und Objekt vertauschbar,
nicht die Aussage.

Kommst du an den Knopf nicht ran,
so lass die Münze stecken.
Auch ein reißender Fluss liegt ruhig in seinem Bett.

Wenn Peitschen knallen, scheuen die Pferde,
der Ochse hebt seinen Kopf.

Gefestigte Halme beugen sich im Wind.

Der Atem der Eisberge ist kalt.

Ins tiefe Wasser springen nur sichere Schwimmer.

Jede Nation glaubt, sie hat die schönste Trikolore.

Jeder meint, er habe das schönste Weib,
so lange er verliebt ist.

Mit untergehender Sonne werden die Schatten länger.

Der Pusztaochse ist ein schönes Tier,
ein Ochse bleibt er doch.

Abendrot und Morgenrot hängen an der Nacht.

Ein nahendes Gewitter verdunkelt die Sonne,
vorübergehend.

Hass und Lust kennen keine Brüder.

Auch die erste Geige macht einmal Pause.

Naive Huren kennen keine größere Lust,
als zu schlafen.

Nicht jeder Beischlaf ist aktive Erholung.

Keines Mannes Sack ist so prall, dass (s)ein Weib
nicht mit einer Tasche alles wegtrüge.

Neben einer untreuen Frau magst du besser liegen,
als neben einer, die dich ständig verdächtigt,
ihr untreu zu sein.

Wahre Liebe ist allmächtig,
Allmächtige zur Liebe unfähig.

Gebiert uns erst die Emanzipation Tyrannen?

Auch der Sand im Getriebe hält
den Regen nicht lange.

Nicht jeder Zwerg ist hässlich,
ausgenommen der Gartenzwerg.

Sport wird durch Leistung begrenzt.
Und woran grenzt die Leistung?

Müllerinnen wurden Puffmuttern gleichgesetzt,
weil sie an den Säcken verdienten,
die ihre Männer trugen.

Manche Männer gleichen dem Hanf;
sie werden erst geweicht, dann gebrochen
und gedroschen.

Hundehochzeit kann lustiger sein,
als manche Hunde denken.

Gangster und Gauner sind nicht nur Synonyme.

Kreuzungsfreier Verkehr entbindet nicht die Vorsicht.

Wer sich in Stroh bettet,
kann das Rascheln nicht vermeiden.

Ein Floh, der sich im Ohr eines Ochsen festsetzt,
ersäuft, wenn der Ochse baden geht.

Die Wendeltreppe führt beharrlich nach oben.

Beschlagene Pferde laufen besseren Gleichschritt,
beschnittene ungern Galopp.

Wer Schulden hat, soll nicht mit
Opfern um sich schmeißen.

Verkehrstote gleichen Opfern
an die Götzen der Zivilisation.

Raketen und Antiraketen gleichen zwei
aufeinander losstürmenden Hähnen,
derweil die Hühner friedlich in der Saat picken.

Egozentren sehen die Welt auf sich herein stürzen.
Ein großes Herz entschläft und respektiert Leben.

Primitivität und Dummheit äußern sich
schikanös und bös.

Innere Ruhe und äußere Gelassenheit
stimmen selten überein.

Emotionen sind wie treibende Schneeflocken,
mal fallend und mal steigend.

Lärm als Selbstschutz ist eine gewöhnliche Waffe.

Schreiben ist Speer und Panzer zugleich,
ein Krieg im Frieden.

Nicht in jedem stillen Haus wohnt ein weites Herz.

Verletzte Tiere werden aggressiv,
Menschen verletzen die Seele zuerst.

Die Harmonie der Musik scheint geboren
aus einem leichten Spiel mit Tönen,
im schweren Spiel der Seele.

Primitivität ist gemeingefährlich,
weil sie die Ehrfurcht vor dem Leben nicht kennt.

Seelische Schwingungen klingen
in großen Seelen harmonisch,
in kleinen oft disharmonisch verzerrt.

Hühner, die krähen wollten,
schmeckt man aus dem Topf.

Jeder Keller hat seinen eignen dumpfen Geruch.

Zu jedem Jahreswechsel gibt es ein Meer
schwankender Kolosse, aus dem einige steinerne
Säulen ragen.

Er trägt eine Weste, trifft die Wahrheit nur halb,
ist die Weste rein.

Hysterie ist das Verkehrschaos an
Nervenknotenpunkten mit anschließendem
Zusammenbruch des gesamten Netzes.

Stimmungen sind Farbtupfer menschlichen Seins.

Rechtschreibung nach dem Duden ist
jedermanns Recht.

Wenn Hähne Eier brüten, ist die Henne missraten.

Reisen dienen weder dir, noch den Menschen,
deren Land du bereist, wenn du nur Dias rahmst.

Manche Frauen behandeln ihre Männer wie
Hunde, und wundern sich, dass sie nicht mit dem
Schwanze wedeln.

Wer noch nie beim Bäcker war,
kennt die Wärme nicht an seinem Ofen.

Wenn Schmiede Bäckern ins Handwerk pfuschen,
werden Brötchen hart, und der Stahl verkrustet.

Verlässt dich deine Frau, jammre nicht,
es ist selten nur ihr Glück.

Elastische Halme im Winde sich beugen,
werden mit den Jahren strohig und starr.

Hirten, die Lämmer zur Weide treiben,
tragen oft den Schafpelz nach.

Ein Gänseblümchen wird oft von Schafgarbe
eingesponnen, eine Rose nur selten.

Hunde, die streunen, bellen und flüchten,
wärmen sich an keinem Schoß.

Eine Kuh, die man milkt, ist nicht trächtig.

Jedes Rind wurde, nach dem man's molk, zur Kuh.

Der erste Feind das Sozialismus war der Silvester,
er rührte ans neue Jahr.

Wenn Ignoranz und Macht sich kreuzen, gibt es
Vorfahrtsregelung oder Arbeit für den Klempner.

Intelligenz lässt Macht die Vorfahrt.

Königinnen und Sultaninnen kommen nicht immer
aus ersten Häusern.

Der Pädagogenkongress forderte mehr Raum
für Freude, Frohsinn und Scherz.
Dirnen raunten:„Freudenhäuser!"

Für unsere Kinder ist uns nichts zu teuer.
Wir geizen nur mit Zeit.

Uhren sind leidenschaftliche Sammler, sie sammeln
Minute um Minute, rund um sich selbst.

In der Arbeit leiden wir aktiv, in der Freizeit passiv.

Die Intensivierung vermehrt unsere Leiden.

Lege dich nicht an mit Stricken, wenn deine Nerven
sichtlich schwach.

Starke Seile sind nicht zu verfeinen.

Die Chemie extrahiert aus sich das Wesen und
wird mehr und mehr wesenlos.

Der Wurm regiert im Reich der Wurzeln
muffig dumpfer Gänge,
wohin des Adlers Auge nicht reicht.

Reichverzierte Häuser sind nicht selten arme Hütten.

Jeder Frühjahrswind treibt neue Blüten.

Jede Blume reizt die Nüstern.

Mädchenträume schaden keinem.

Wer sich an Blumen erfreuen will,
muß Unkraut mit den Disteln stechen.

Die Saat zu stark im Winde bewegt,
erstarkt das Stroh, das Korn verdorrt.

Aktive Menschen leiden aktiv.

Ein Segel im Sturm der Worte sich bläht,
bewegt doch nicht das Schiff.

Herzen, die vom Sturm bewegt,
schnarchen tief im Frühlingswind.

Wer gegen den Wind spricht,
ist sicher, nicht gehört zu werden.

Sorglose Menschen haben keine Sorgen,
sie verstehen auch keine.

Bubenstreiche werden im Alter zur Tugend.

Hundehändler können mit dem Ankauf
von Diamanten betraut werden,
sie kommen immer auf den Hund.

Der Schrei der Schneegänse geht Herrn Winter
unter die Haut, ihr Pfeil durchbohrt sein Herz.

Wenn mit Sherlock Holmes die Phantasie
durchgeht, kann er den Fall zu den Akten
und sich zur Ruhe legen.

Je älter der Stein, umso beredter sein Gesicht.

Jeder König braucht Vasallen,
die ganz ohne Phantasie.

Trage dein Leid nicht auf die Straße,
sie ist für euch zu laut.

Weiche Birnen sind als Kompott ein Genuss,
als Kultur ungenießbar.

Auch Mephisto trüge heute Salamander.

Die Zeit heilt Wunden, Narben bleiben.

Bürokratie ist der Auswuchs der Gesellschaft,
Missverhältnis zwischen Aufwand und Ergebnis.
Missbildung der Auswuchs der Gene.

Narren und Hampelmänner führen Späße an der
Leine aus.

Der Sieg im Sport wiegt schwer für das Volk,
die Gesundheit des Volkes wiegt schwerer,
heißt nicht, das Volk ist gegen Leistungssport.

Die Poesie ist wie eine Hure, die gern männlich
und lesbisch geliebt und monogam und kollektiv
gern weich in aller Armen liegt.
Nur tierisch starke Böcke mögen sie nicht.

Eisberge zu versetzen fällt schwer,
man findet in ihrem Wasser kaum Halt.

Hüte dich vor Hunden, die Ketten tragen,
ihr Stolz ist gebrochen, die Zähne sind heil.

Sport ist Fairness, Siege sind die Erfolge von
Trainingsmöglichkeiten – sind weiche Devisen.
Für harte ließen wir einst den Klassenfeind siegen.

Ochsenzungen sind keine Kulturpflanzen.

Zigeuner ziehen in die Weite, um ihre Sehnsucht
zu stillen und ihre Träume zu bewahren.

Wenn Träume der Wissenschaft mit ihren wachen
Gedanken sich paaren, ist das keine Inzucht.
Sie zeugen gesunde Athenen und ersticken oft
in Bürokratie.

Manche Förster begegnen dem Borkenkäfer,
indem sie das Jungholz an den Weihnachtsmann
verkaufen.

Der Feind von Hänsel und Gretel ist nicht die Hexe,
von Rotkäppchen nicht der Wolf,
ihr größerer Feind ist der Borkenkäfer,
der an den Märchenbüchern unsrer Urenkel nagt.

Wenn die lieblichen Rotkäppchen sich vermehrten
wie der Borkenkäfer, könnten unsere jungen Förster
strahlend in die Zukunft schauen.

Alkoholismen

Im Wirtshaus an der Kehre

Früher stand hier eine Schänke,
Ochsen- und auch Pferdetränke.

Früh schon saß der Hans hier und trank,
er vergaß, das letzte Mal,
dass der Sprit für seinen Tank.

Bier nimmt gern – mit dir –
bergein seinen Lauf,
Franzel fuhr's – und fuhr hinauf.

Es machte ihm Spaß mit hundert Sachen,
es war ein Spaß – zum Totlachen.

Hier stieg ab, mancher Ritter
mit Braut und einem Magenbitter.

Er führte eine schmucke
(chromblitzende) Braut,
in der Kehre heulte sie laut.

Mancher trank hier, nur eine Mölle,
fuhr schnurgerade – in die Hölle.

Hier saßen zwei und tranken Bier,
Kompott für drei, das Malz für vier.

Es fuhr jeder fünfzig, kein Zweifel, nein,
in der Kehre holte sie der Teufel ein.

Hier prahlte Fritz mit seiner Qualifizierung,
Jutta zu betören, die hört es mit Rührung.

Er war ihr Idol, er war ihr Pilot,
er flog in die Kehre mit Stewardess – tot.

Im Wirtshaus an der Kehre,
kehrten fröhlich manche ein,
sie jauchzten und sie zechten,
es sollt ihre letzte Einkehr sein.

Er saß mit Bruder Bacchus an diesem Tisch
und eilte von uns auf flottem Hirsch.

Der Wirt gab ihm immer das Letzte,
in der Kehre holte er sich den Rest.

Sie machten im Wirtshaus Diskothek,
in der Kehre lagen sie viel zu schräg.

Fährst du in die Kehre, denke daran,
sing nicht vom Wirtshaus an der Lahn.

Von weitem hörten wir Engelsingen,
hier erhoben sie sich auf Teufelsschwingen.

Sie waren sehr standhaft und tranken nur Rum,
doch in der Kehre fielen sie um.

Kehre dich nicht um in dieser Kehre,
sonst kommt dir doch der Rum in die quere.

Sie hatten schon vor der Kehre genug
und rasten dann schneller, mit Selbstbetrug.

Sie tranken und schrieen:
„...ein toller Hecht!"
In der Kehre winkte des Teufels Knecht.
Und es wurd im schlecht.

Die Disko, die Alpops, ein Girl, ganz geil,
doch die Kehre lehrte, sie war zu steil.

Sie kippten und kifften, nahmen keine Lehre,
hinter dem Wirtshaus nahm sie die Kehre.

Viele Nächte schlugen sie Vaters Mahnung
in den Raum, gestern machte Vater drei Kreuze
– in der Kehre an 'nen Baum.

Sie feierten zu fünft, tobten und lachten,
kein Drink war zu hemmungslos teuer,
früh am Morgen schlug in der Kehre
aus Vaters Audi rettungslos Feuer.

Sie kifften und pafften, tranken Pipapo,
Hannes, Hein, Jessica, die Midi und Jo.
Sie schrieen zu fünft als der Baum näher kam,
nach dem Schrei aus dem Feuer keiner entkam.

Auch wenn die Wirte die Kehre
täglich staubfrei kehren
und Glatteis und Schnee die Gefahr nicht mehren,
können manche in der Kehre nicht ganz
staubfrei sein!

Den genüsslichen Sinnen wehre!

Sie tanzte mit Bill, blies mit Kifli Fagott,
heimwärts fuhr sie mit Willi, - zu flott.
Sie pochten nur leicht - und der Teufel rief:
„Herein!"
Es sollte ihre letzte Einkehr sein.

Nach zwei Alpops, zwei Kifli und zwei
Verstärkersäulenwummen,
empfanden die zwei Technomusik,
wie Tieffliegerbrummen.
Und sie riefen:
„Mal so fliegen!"

Und sie enteilten auf ihren Jawaschwingen.
In der Kehre hörten sie die Engel singen.

Kehre dich um vor dieser Kehre,
sonst fährst du zum Teufel in die Lehre!

Fröhlich Singen, Gläserklingen,
in die Kehre nicht mit Schwingen!

Ein Alpops, ein Kifli und Flimmern,
ein Hammer!
Sie stand es durch, doch nur einen Sommer!

Meide den Schnaps und den Drogen wehre,
nicht nur im Wirtshaus an der Kehre.

Einer allein führt dich nur durch die Kehre,
Verstand, der hehre!

Hoch auf dem chromblitzenden Feuerstuhl,
sitzt du bei dem Hannes cool,
die hundert Pferde tragen euch,
allein,
oder zu zweit,
das ist enorm.
Doch auch aus der Kehre,
ganz in der Norm!

Die Lehre aus alldem wäre:
    Dem Rausch einfach wehre!

Märchenrätsel

Schneeglöckchen

Loch in Erde,
Blume rin,
Frühlingsglöckchen,
bim, bim, bim.

Bremer Stadtmusikanten

Gammler flitzen,
i a i.
Bellen, Mauzen,
Kikriki.

Rapunzel

Weib im Turme,
nischt wie hin.
Strick herunter,
klimm, klimm, klimm.

Prinzessin auf der Erbse

Dicke Betten,
Jägers Sohn.
Keiner merkt was,
Lady schon.

Schneewittchen

Traum von Mädchen,
küsse mich.
Heckenrose,
stich, stich, stich.

Rotkäppchen

Omas Liebling,
Kappe rot.
Jäger Meister.
Wolf in Not.

Frau Holle

Weiberzanken,
Liederlich.
Betten schütteln,
winterlich.

Schneeweißchen und Rosenrot

Eine weiß,
die andre rot,
Gift'ger Appel,
beide tot.

Aschenputtel

Kind im Turme,
Taube pick.
Schuh verloren,
schick, schick, schick.

Hase und Igel

Arroganter
Wettenlauf.
Stacheltierchen,
schnauf, schnauf, schnauf.

Wolf und 7 Geißlein

Raue Kehle,
Kreidestück.
Eins im Kasten,
tick, tack, tick.

Max und Moritz

Witwe Bolte,
Meister Böck.
Üble Scherze,
meck, meck, möck.

Hans im Glück

Geld für Esel,
Stück für Stück.
Und verschenkt es,
Glück, glück, glück!

Rumpelstilzchen

Auf 'ner Wurzel
prahle nicht,
Dich dort leicht
der Hafer sticht.

Hänsel und Gretel

Ofen knistert,
Hexe rin.
Zu die Klappe,
nischt wie him.

Schneewittchen und 7 Zwerge

Es sind sieben,
ich wette.
Sie sieht nur sechs
im Bette.

Inhalt

Heinrich Oppermann, Chemiker,
verfasste über 270 wissenschaftliche Publikationen und schrieb und
schreibt Geschichten, Erzählungen und Gedichte.

„ Die Enkel der Donauschwaben - Geschichten aus zwei
Heimaten" BoD-Verlag, Norderstedt, 2007.

„Einer Schönen, Gedichte",
Christoph Hille Verlag, Dresden, 2011.

„Erinnerungsgarten, Geschichten",
BoD-Verlag, Norderstedt, 2013

„János und sein Hund, zwei Helden",
BoD-Verlag, Norderstedt, 2014

„Die Brücke - Geschichten schon Geschichte?"
BoD-Verlag, Norderstedt, 2015

„Kaposszekcsö / Sektschi. Eine deutsche evangelische Gemeinde
in Südtransdanubien, Komitat Tolna, 1775-1948",
mit Rolf Domke, Heinrich Sommer und Konrad Lötz,
Selbstverlag, 2015

„Oh, Brüder schmäht mich nicht", Gedichte
BoD-Verlag, Norderstedt, 2016

„Jergescher Geschichten, Vertreibung aus dem Paradies"
Frankfurter Literaturverlag, Offenbach, 2017

„Die vergessene Schokolade - Feodora"
BoD-Verlag, Norderstedt, 2018

„Der Frühling kehrt wieder", Gedichte
BoD-Verlag, Norderstedt, 2018

„Pulsschläge im Mai 2018, Ehrenbürger"
BoD-Verlag, Norderstedt, 2019